Filosofia da história

Coleção **PASSO-A-PASSO**

CIÊNCIAS SOCIAIS PASSO-A-PASSO
Direção: Celso Castro

FILOSOFIA PASSO-A-PASSO
Direção: Denis L. Rosenfield

PSICANÁLISE PASSO-A-PASSO
Direção: Marco Antonio Coutinho Jorge

Ver lista de títulos no final do volume

Rossano Pecoraro

Filosofia da história

ZAHAR

Jorge Zahar Editor Ltda.
rua Marquês de S. Vicente 99 – 1º | 22451-041 Rio de Janeiro, RJ
tel (21) 2529-4750 | fax (21) 2529-4787
editora@zahar.com.br | www.zahar.com.br

Grafia atualizada respeitando o novo
Acordo Ortográfico da Língua Portuguesa.

Capa: Sérgio Campante
Composição: Futura

CIP-Brasil. Catalogação na fonte
Sindicato Nacional dos Editores de Livros, RJ

Pecoraro, Rossano, 1971-
P386f Filosofia da história/Rossano Pecoraro. – Rio de Janeiro: Zahar, 2009.

(Passo-a-passo; 88)

ISBN 978-85-378-0157-4

1. História – Filosofia. I. Título.

CDD: 901
09-2558 CDU: 930.1

Sumário

Introdução 7

Às origens da questão 9

A Providência e o sentido da história 11

Iluminismo e secularização 21

As grandes teorias da Modernidade 27

A negação do sentido histórico 41

A crise das filosofias da história 46

Leituras recomendadas 61

Sobre o autor 63

Introdução

O elemento essencial e constituinte da "filosofia da história" – em seu diferenciar-se da historiografia, do historicismo, da análise ou da narração metódica de fatos e ações humanas etc. – é a questão do sentido, da finalidade (*télos*) da história. Embora a expressão seja relativamente recente (foi usada pela primeira vez em 1765, pelo filósofo francês Voltaire, em *Filosofia da história*), reflexões de grande alcance sobre a história, o seu sentido e a sua finalidade surgiram tanto na Antiguidade clássica como na Idade Média e na Renascença. No entanto, é inegável a importância das teorias modernas desenvolvidas por autores como Kant, Hegel, Marx, cuja influência induziu vários comentadores a restringir um tanto arbitrariamente o âmbito de estudo da filosofia da história às doutrinas dos séculos XVIII e XIX. Essa tendência, se por um lado faz voltar a atenção para a centralidade de pensadores e obras da Modernidade, por outro não dá a devida estima nem às teorias das épocas precedentes nem às reflexões da atualidade sobre a crise da filosofia da história.

Além disso, há outro problema preliminar que deve ser enfrentado. Trata-se de uma sobreposição de planos conceituais bastante evidentes na literatura crítica sobre o tema que não favorece a compreensão das suas principais diretrizes, uma vez que não separa a filosofia da história – enquanto reflexão *teórica* em torno da questão do seu sentido – da história entendida como curso dos acontecimentos e objeto de estudo dos historiadores. A partir daí surgiu uma série de leituras, quase sempre em desacordo entre elas, não só em relação à linha interpretativa adotada como à escolha de obras e autores que formariam o cânon da disciplina. Interpretações que ressaltam a proximidade da filosofia da história com a filosofia da ciência, o positivismo lógico, a filosofia moral ou o método analítico (sobretudo na literatura de língua inglesa, na qual, outrossim, se diferencia a "filosofia especulativa da história" da "filosofia crítica da história", e há vários estudos de "filosofia analítica da história"). Ou que indicam um horizonte de referência muito mais amplo, no qual, porém, a investigação filosófica da história, em seu significado próprio, enfraquece-se por ser considerada em sua conexão com a ciência histórica, a antropologia, a sociologia. Não que tudo isso não tenha importância. Ao contrário, demonstra a riqueza e o rigor epistemológico do trabalho filosófico. Entretanto, cremos que é possível, decerto de maneira introdutória e preliminar, traçar com mais precisão e clareza o campo de ação da "filosofia da história", *compreendida como disciplina autônoma que trata da questão do sentido da história.*

Esta é a finalidade principal do presente ensaio. Para alcançá-la, começaremos pela origem da interrogação acerca do *télos* da história. Em seguida, nos dedicaremos à descrição da concepção linear (providencialista e cristã) em sua contraposição à visão cíclica da história, característica da tradição grega, e à exposição das grandes teorias da Modernidade, cujo nascimento está estreitamente ligado a um radical processo de secularização, ou seja, à laicização das crenças e das doutrinas teológicas do cristianismo e à sua conversão em princípios filosóficos, jurídicos etc. (a ideia de progresso substitui as de Providência e salvação, mas sem questionar a visão linear do tempo e da história). Por fim, trataremos da crise ou mesmo da negação radical das metafísicas e otimistas filosofias da história, que, de Schopenhauer, dos teóricos alemães da história e de Nietzsche, estende-se até a chamada "pós-modernidade".

Às origens da questão

O significado originário do termo "história" é descrição, relato, narração de acontecimentos. Essa atividade, como nos revela a raiz indo-europeia do vocábulo, está relacionada – como explica Remo Bodei em *A história tem um sentido?* (2001) – ao "ver", ao estar presente, ao testemunhar acontecimentos que não necessariamente pertencem a um passado distante, longínquo. Ao contrário, para os fundadores da historiografia ocidental, Heródoto e Tucídides, um acontecimento é histórico (e não arqueológico) apenas quando é narrado ou registrado por alguém que esteve presente, que o viu pessoalmente. Isso significa que a história nada mais é do que *histórias*, meros relatos de uma série de fatos isolados, limitados quanto ao tempo e ao espaço e explicados segundo crenças ou critérios específicos de cunho épico-religioso (Heródoto) ou político-militar (Tucídides). É evidente que só uma radical transformação dessa visão poderia efetivar a passagem da história para a filosofia da história, isto é, da simples narração de acontecimentos para a ideia de um sentido, para a criação de um paradigma explicativo/hermenêutico da matéria bruta constituída pelas ações humanas.

A aurora dessa transformação se dá nas reflexões do historiador grego Políbio (século II a.C.), o primeiro a falar explicitamente em "história universal", na qual confluem as várias histórias particulares, os fatos das várias partes do mundo até então isolados uns dos outros. Orientados pela perspectiva de um *futuro* que não se confunde com o passado (portanto, de um horizonte não fechado, que possui um sentido e um objetivo), os acontecimentos históricos convergem, agora, para um único fim, vale dizer, o domínio do Império Romano sobre o mundo. A contribuição de Políbio é, sem dúvida, significativa. Entretanto, no que diz respeito à reconstrução histórico-conceitual objeto de nosso estudo, não deve ser superestimada, pois atribui um papel hegemônico ao Acaso (ou Fortuna), toma em consideração exclusivamente os acontecimentos políticos, privilegia, apesar de tudo, o passado e o presente para interpretar, ou melhor, prever o destino dos Estados, funda-se em uma concepção de tempo e de história cíclica, periódica, com fases de nascimento, desenvolvimento, declínio e desaparecimento que se alternam e se repetem ao infinito.

Essa visão – que o pensamento grego sucessivo (Platão, Aristóteles) não modifica em sua essência e que será retomada, como veremos, por alguns importantes pensadores (Vico, Nietzsche, Spengler) – é suplantada pela ideia cristã, "sistematizada" por santo Agostinho e Joaquim de Fiore, de uma temporalidade linear, progressiva, orientada. Trata-se, ao mesmo tempo, da inauguração e do apogeu da grande estação das filosofias da história. A secularização das concepções religiosas e teológicas (a história como desígnio providencial de Deus, cuja finalidade é a salvação) ao longo da Modernidade não fará outra coisa senão confirmar, como mostraram Karl Löwith (*O sentido da história*, 1949), Jakob Taubes (*Escatologia ocidental*, 1947) e Emil Cioran, a fundamental importância e a vasta influência dessa concepção.

A Providência e o sentido da história

À noção clássica de tempo enquanto ciclo, eterno retorno sem princípio nem fim, baseada na observação do cosmo, na revolução dos corpos celestes, na alternância infinda de fenômenos naturais, a tradição judaica contrapõe uma visão linear da temporalidade à qual Deus garante inteligibilidade, finalidade, ordem, salvação. A teologia da história surge da experiência de Israel, da lógica da promessa, da esperança no advento do reino de Deus, no fim e no cumprimento da criação, do tempo e da história. Nos primeiros séculos da era cristã as doutrinas realçaram ora a urgência da consumação escatológica com o retorno de Cristo à terra para reinar ao longo de mil anos que serão seguidos pela ressurreição, pelo juízo universal e, finalmente, pelo reino de Deus (milenarismo patrístico), ora os aspectos religiosos e políticos derivantes da cristianização do Império Romano que aparece como a realização, o cumprimento da história (Eusébio de Cesareia).

Entre 412 e 426, santo Agostinho (354-430) escreve *A cidade de Deus*, verdadeiro modelo e esquema de toda concepção cristã da história. A obra foi provocada pela invasão de Roma por Alarico em 410: a capital do mundo antigo é saqueada, o seu povo e as suas instituições são humilhados. O acontecimento causou um enorme impacto no império. Os romanos imputaram a derrota à hostilidade dos deuses pagãos, cujo culto havia sido combatido e eliminado pelos cristãos. Uma afronta à qual Agostinho responde com a sua obra, na qual, com tons ora irônicos, ora críticos e apologéticos, reduz fortemente o papel, a função e a importância de Roma na história e rejeita toda escatologia de cunho político baseada na centralidade atribuída à ascensão, à sobrevivência e à queda de impérios e estados. A sucessão dos fatos seculares e mundanos não é fundamental na ordem das coisas últimas. A história tem um começo e um fim, nasce no pecado e na culpa, consuma-se na salvação e é universal porque é unida, controlada e ordenada por um único Deus para uma única finalidade. Ela adquire o seu sentido em virtude do plano providencial que leva ao Juízo Final, à ressurreição e ao advento do reino de Deus. Três são os pontos que devem ser destacados nesse *progresso rumo à verdade instituída*: o conflito entre a cidade celeste e a cidade terrena, o "conceito" de *peregrinatio* (peregrinação), a divisão da história em seis épocas e a essencialidade da volta de Jesus Cristo à terra.

As duas cidades representam alegoricamente dois gêneros opostos de homem e de amor. A cidade terrena é fundada por Caim, o fratricida. A cidade de Deus começa com Abel, a vítima inocente. Aquela – como se lê no capítulo 28 do livro XIV – foi construída pelo amor de si próprio até o desprezo por Deus; esta pelo amor de Deus até o desprezo por si mesmo. A cidade terrena se glorifica em si, busca a glória entre os homens, caminha de cabeça erguida e com soberba, lisonjeia-se na pessoa dos poderosos; os seus chefes são dominados pela vontade de aniquilar os seus súditos e os sábios não almejam outra coisa a não ser os bens do corpo ou do espírito. A cidade de Deus se glorifica no Senhor, busca a sua glória no testemunho da consciência, considera Deus sua glória e seu orgulho; os seus chefes e os seus súditos se auxiliam mutuamente e a sabedoria é piedade a serviço de Deus na espera da recompensa na sociedade dos santos.

A articulação entre as duas cidades é fundamental para compreender o significado da reflexão de Agostinho. A história secular, empírica, na qual acontecimentos e gerações surgem e desaparecem em um devir insensato, caótico e confuso, desdobra-se na cidade terrena instituída por Caim, na qual os descendentes de Abel vivem sem ser nem "fundadores" nem "colonizadores". Fora de alegoria: na história da humanidade se confrontam bem e mal, humildade e ambição, obediência e orgulho. Apenas a fé permite vislumbrar um sentido, uma finalidade, um progresso rumo à salvação eterna que consumará e redimirá a própria história.

Nesse sentido, a Cidade de Deus, apesar de não se confundir com a Cidade dos homens, se configura como um curso histórico "concreto", como uma peregrinação secular em direção a um fim não-terreno na qual a Providência guia a história rumo ao seu *télos*, ignorando os propósitos humanos, a contingência das suas ações e dos seus desígnios. A *peregrinatio* se desdobra em seis fases ou idades que retomam os dias da criação do mundo: a primeira se estende de Adão ao Dilúvio Universal; a segunda, de Noé a Abraão; a terceira, de Abraão a Davi; a quarta, de Davi até o Êxodo Babilônico; a quinta, do Êxodo até o nascimento de Cristo; a sexta – cuja duração é indefinida – estende-se da primeira à segunda vinda de Cristo, em um crescendo de tensão escatológica e progressiva realização de um sentido indubitável e já instituído.

Personalidade entre as mais fascinantes e complexas do pensamento medieval, Joaquim de Fiore (c.1130-1202) elabora uma teologia da história fundamentada na concepção trinitária (as suas teorias serão condenadas pela Igreja da época) e em uma original interpretação dos textos bíblicos. O abade calabrês, cuja herança pode ser entrevista nas reflexões de Vico e de Comte, nos movimentos dialéticos de Hegel e Marx ou nas teorias que defendem a ideia de progresso no devir histórico, distingue na história três estados que correspondem às três pessoas da Trindade. A fase do Pai, a primeira, é aquela do Antigo Testamento e da submissão à Lei, que vai da criação até Jesus Cristo. A segunda era, que Joaquim acredita que esteja para concluir-se na época em que escreve, é a do Filho, do Novo Testamento, da libertação, da graça e da consolidação da Igreja e das suas instituições. Essa era será seguida pela era do Espírito, a terceira e última da história humana, que representa um progresso real em relação às outras duas e na qual as promessas de salvação serão cumpridas e se consumará o fim providencial de amor, paz e justiça.

O *Comentário ao Apocalipse* oferece uma bela imagem dessa visão. O primeiro dos três estados – escreve Joaquim – foi sob o tempo da Lei, quando o "povo do Senhor, ainda pequeno em relação ao tempo, servia sob os princípios deste mundo, sem conseguir obter a liberdade do Espírito". O segundo estado foi sob o Evangelho, "certamente na liberdade em comparação ao passado, mas não na liberdade em comparação ao futuro". O terceiro estado, que se instituirá no fim dos séculos (o milênio), será caracterizado pela destruição do "pseudoevangelho do filho da perdição e dos seus profetas" e por um tempo de plena liberdade, concórdia e graça.

Em outros termos, Joaquim considera o curso da história como uma sequência ordenada e ininterrupta de acontecimentos que é marcada por transições para épocas superiores, cada qual possuindo a sua própria verdade, embora uma supere e suplante a outra ao longo do caminho em direção ao fim preestabelecido. Essa visão altera profundamente alguns pontos centrais da teologia da história de Agostinho. Com efeito, uma vez recusada a centralidade da figura de Cristo em prol da dinâmica trinitária, o curso histórico não é mais considerado um processo que será encerrado pelo segundo advento do filho de Deus, mas, sim, um caminho progressivo que se concluirá com a vitória da justiça e do amor. Joaquim, portanto, introduz a ideia de um sentido interno à história que se fundamenta na encarnação, no mundo secular, de todas as figuras da Trindade. São elas, presentes em toda a parte, que garantem a inteligibilidade do curso histórico e o desdobramento do plano providencial até a sua efetiva realização.

À exceção de Joaquim de Fiore e de alguns debates menores, o interesse da Idade Média pela teologia da história é muito escasso. São os ataques dos averroístas, que, retomando a filosofia de Aristóteles, defendem a tese da perenidade do mundo e do tempo, a provocar a primeira grande crise na concepção providencialista cristã. Na Renascença, o modelo cíclico de história volta a ocupar um lugar fundamental. A crítica da visão linear deve menos ao renovado interesse pelo pensamento da Antiguidade (Políbio, por exemplo) do que à afirmação da centralidade do homem no universo.

A concepção linear retorna ao auge no final do século XVII com a obra de Jacques Bossuet (1627-1704). No *Discurso sobre a história universal* (1681), o teólogo e bispo francês retoma as teses de Agostinho e sentencia que a história da humanidade é orientada pela Providência e direcionada para uma única finalidade. O curso dos acontecimentos "particulares", ou seja, que se referem a um determinado povo ou a uma certa época, não deixa de ser importante no esquema traçado por Bossuet. No entanto, para compreender verdadeiramente o seu significado é necessária uma perspectiva de maior alcance que permita "ver, de imediato, toda a ordem do tempo". A história universal – não só no sentido de história religiosa, como no de história secular, política e social – é compreensível apenas dentro de um modelo providencial que conduz à redenção da humanidade pela morte de Cristo: "Tudo depende das ordens secretas da Divina Providência", sentencia Bossuet na terceira parte de sua obra.

O foco da extraordinária e intempestiva reflexão sobre a história do filósofo italiano Giambattista Vico (1688-1744) pode ser encontrado na seguinte definição de sua obra-prima: a *Ciência nova* (publicada em 1725) é "uma teologia civil racional da Providência divina". Ou seja, é a ciência da história cujo sentido é garantido pelo princípio da identidade entre verdadeiro (*verum*) e feito (*factum*): uma vez que o universo histórico é composto por instituições, leis, mitos, linguagens, Estados criados pelo homem, é evidente que ele pode conhecer a sua lógica e o seu sentido. O autor conhece a sua obra; o verdadeiro é o criado, o feito (*factum*). Objeto de estudo e descrição é, portanto, o mundo das nações e não o mundo físico, a natureza: em ambos a Providência opera, intervém e guia. No entanto, se o mundo físico foi criado por Deus e os seus desígnios são impossíveis de serem conhecidos pelo homem, o mundo das nações, ao contrário, é um fato, uma criação humana, logo, pode ser objeto de um verdadeiro conhecimento, ou seja, de uma *ciência* que "nos conduz a Deus como Providência eterna".

Vico harmoniza dialeticamente concepções aparentemente contraditórias entre si. A Providência é o método da Ciência nova. Ela explica a heterogeneidade dos fins das ações humanas, a racionalidade dos acontecimentos seculares. Antes de Kant e Hegel, Vico formula a ideia de que as ações humanas, mesmo parecendo entregues ao caos, ao acaso, ao absurdo, resultam em algo muito maior, possuem ordem e finalidade que vai além do contingente e do imediato. Em outros termos, a Providência divina é a força imanente que fundamenta e orienta o movimento da história *usando* homens e nações para a realização de seus próprios desígnios. Para o pensador italiano não existe um mundo civil que não tenha sido fundado em alguma forma de religião, seja ela pagã ou cristã, verdadeira ou falsa, monoteísta ou politeísta. Nos alvores da história, todas as nações começaram com o culto de alguma divindade da qual os primeiros sábios e sacerdotes extraíram normas e leis. No entanto, conforme a interpretação de Vico, a característica essencial da natureza divina é a Providência, ou seja, a "adivinhação", a capacidade de prever e tornar compreensível aquilo que a divindade oferece ao homem.

A Providência é "a mente legisladora dos indivíduos", que, de maneira natural e sem mediação, age sobre eles; é a legislação divina que produz o mundo civil e garante a única coisa que o homem ama: a salvação. Esse vício egoístico é transfigurado em virtude pelo plano providencial divino. Ao avançar na história o homem continuará amando apenas a sua salvação, mas, após casar-se, ter filhos, entrar na vida civil, formar cidades e nações, ele estenderá esse amor às coisas conquistadas. Em todas essas circunstâncias (que incluem conflitos, guerras, pazes, alianças, comércios etc.), "o homem ama principalmente a própria utilidade". O que o mantém e o preserva nessas ordens civis não é, porém, um princípio ou uma lei que provém delas, mas, sim, a Providência, que, ao satisfazer os interesses individuais, conserva o mundo das nações.

Essa complexa dialética entre mundo civil e Providência, fatos humanos e finalidade divina, objetivos individuais e fins universais permite lançar as bases do *conhecimento científico da história*, que nada mais é do que o propósito último da especulação viquiana. Para fazer justiça à sua importância é preciso lembrar que a ideia de estabelecer o mundo civil, o curso dos acontecimentos humanos e a história das nações como conteúdo próprio de uma determinada ciência era algo muito revolucionário e desafiador para o começo do século XVIII. Vico foi contra a corrente em uma época dominada pela doutrina de Descartes, pelo desprezo da história, da tradição e do passado, e por uma visão hegemônica de cunho iluminista na qual as únicas verdadeiras ciências eram a física e a matemática. Ora, de que modo esse conhecimento científico se articula? Quais são os esquemas que o sustentam?

O ponto de partida é a identidade entre *verum* e *factum*; o mundo civil é criado pelo homem, origina-se da mente humana. Os princípios da nova ciência residem na natureza da mente humana, comum a todos os indivíduos e, portanto, analisável com proveito. A primeira certeza, clara e distinta, que o seu estudo revela é que a razão se desenvolveu por último, sendo precedida pela imaginação (ou fantasia) e pelo sentido. No plano do mundo civil essa constatação "psicológica" se converte em modelo histórico mediante a distinção de três épocas ou idades pelas quais todas as nações estão destinadas a passar (e que, como vimos, são orientadas pela Providência). A primeira é a "época dos deuses", teocrática, na qual os homens "sentem sem compreender", acreditam viver sob o governo divino e "tudo lhes é ordenado pelos auspícios e oráculos". A segunda é a "época dos heróis", dos mitos e da imaginação, cuja característica essencial é o domínio das "comunidades aristocráticas", dos "gentios maiores" que impõem, do alto, leis de origem mitológica aos "plebeus". A terceira é a "época dos homens" e da razão, na qual todos se reconhecem iguais por natureza e, portanto, conseguem fundar "as primeiras comunidades populares e depois as monarquias".

Vico rejeita a concepção linear, retilínea de tempo. A sua filosofia da história se funda em uma visão cíclica e circular, na sucessão de *corsi* (o curso dos acontecimentos do mundo das nações, que se desdobra através das três idades) e *ricorsi* (o "re-curso", o movimento para trás, a repetição do ciclo inteiro com o retorno ao estado de barbárie, ou seja, à primeira época, após a dissolução da razão e a decadência da idade dos homens). Essa concepção cíclica, porém, não exclui a ideia de progresso. Ao contrário, a passagem da idade dos deuses para a idade dos homens é um avanço, um desenvolvimento em sentido favorável do gênero humano, que, de "ferino", torna-se "racional".

É mister ressaltar que a visão de Vico é rigorosamente determinista, pois o curso dos acontecimentos, a transição de uma época para outra é inevitável. Trata-se do modelo da "história ideal eterna", no qual se refletem fatalmente todas as histórias empíricas das várias nações. Por fim, a ideia de um tempo cíclico orientado por um plano providencial não significa a negação da finalidade, do sentido da história. Pelo contrário, em uma época na qual a sociedade se torna tão supercivilizada a ponto de os homens não conseguirem mais se entender e a razão, enquanto cálculo e busca de utilidade, transforma-se em opressão e domínio, o retorno à barbárie, a uma idade de imaginação criativa ("poética", como diz Vico), salva o homem da autodestruição racional.

Iluminismo e secularização

Corroída pelos ataques dos pensadores renascentistas, dos chamados "libertinos eruditos" e de Descartes, a filosofia da história cristã entra definitivamente em crise em meados do século XVIII com a afirmação do Iluminismo. Voltaire (1694-1778) é usualmente considerado o primeiro expoente da época das Luzes a solapar as suas bases. No entanto, como frisa o neokantiano Ernst Cassirer em *A filosofia do Iluminismo* (1966), esse papel pertence a Montesquieu

(1689-1755), cuja obra é a "primeira tentativa decisiva de fundar uma filosofia da história" dominada e validada por um "princípio rigorosamente intelectual", que se opõe tanto à visão linear cristã quanto à concepção cíclica. Nas *Considerações sobre as causas da grandeza e a decadência dos romanos* (1734), Montesquieu investiga os acontecimentos humanos que à primeira vista se apresentam caóticos, confusos e absurdos, com o propósito de detectar um plano racional que os explique e os ordene. A ideia de causalidade é, nesse sentido, fundamental. O pensador francês parte da análise dos fatos históricos para chegar à descoberta das relações causais a eles subjacentes, as quais, uma vez compreendidas em sua lógica interna, constituirão o tão almejado "princípio intelectual" da história.

Ao contrário de seus contemporâneos, e de uma forma bastante surpreendente, Montesquieu não está preocupado com a ideia de progresso. Não há direção determinada previamente nem fim a ser alcançado. O curso dos fatos humanos é descontínuo, irregular, desordenado. A história dos povos e das nações (o centro de gravidade da reflexão é sempre a história política) desdobra-se por fases, ora de grandeza, ora de decadência. A tarefa do filósofo da história é, pois, voltar-se para o passado, examinar minuciosamente os acontecimentos, individuar as suas conexões e, finalmente, detectar as leis causais que os regem e os explicam a fim de iluminar o presente e tentar prever consequências futuras.

A Modernidade é a grande época da secularização. A Providência divina é substituída pela ideia de progresso; a salvação do homem e o Juízo Final, pela confiança na razão e no seu obrar mundano. Polemizando veementemente com a apologia de Bossuet, Voltaire pretende destruir o sistema religioso e a interpretação judaico-cristã da história definidos em uma carta de 1755 como o "antigo palácio da impostura". O plano providencial é posto em xeque e rejeitado. O mesmo não acontece com a ideia de um devir histórico linear, orientado pela crença no progresso do espírito humano em virtude da iniciativa de grandes homens, especialmente de soberanos (ou déspotas) esclarecidos.

Voltaire começa o seu *Ensaio sobre os costumes e o espírito das nações* (1756) analisando a cultura chinesa, que acabava de ser conhecida no Ocidente graças aos relatos de missionários europeus. O seu objetivo é claro: limitar a importância da tradição judaica e da autoridade do Antigo Testamento (que julga "insignificantes", "arautos da Providência" que "nos reduzem ao silêncio") realçando a "superioridade" da nação chinesa, tão antiga e tão rica de conteúdos filosóficos e morais quanto o Ocidente, mas livre de milagres, fábulas, promessas divinas, "superstições bárbaras e insolentes". A nova visão da história que é delineada no *Ensaio* (mas também em outros escritos, notadamente *O século de Luís XIV*, de 1751; *Cândido*, 1759; *História da Rússia sob Pedro o Grande*, 1759; e *Filosofia da história*, 1765) se fundamenta em uma mudança de perspectiva metodológica cujo eixo, agora, não é mais a religião e os acontecimentos político-dinásticos, mas, sim, as artes, os costumes, as instituições e as realizações do espírito humano.

Contra Agostinho e Bossuet, que pretendiam demonstrar que a história é a realização dos desígnios da Providência, Voltaire afirma uma concepção laica da história na qual o centro é ocupado por uma teoria do desenvolvimento progressivo da civilização humana. Deus é eliminado da esfera de ação da história. *Finalismo* e *necessidade*, no entanto, não são questionados: eles continuam sendo os pilares de uma filosofia da história secularizada na qual o papel da Providência é assumido pelo desenvolvimento da razão humana. Trata-se da "saída do homem do estado de minoridade que ele deve imputar a si mesmo", como escreve Kant no ensaio *Resposta à pergunta: o que é o Iluminismo?* (1784), em direção a um fim determinado, ou seja, a um progresso para o melhor, decerto repleto de obstáculos, regressões e estagnações, entretanto, gradual e inevitável, vale dizer, necessário.

É em dois ensaios de 1750 (*Discurso sobre as vantagens que o cristianismo trouxe para o gênero humano* e *Discurso sobre os progressos sucessivos do espírito humano*) que o político e economista francês Turgot (1727-81) desenvolve a sua teoria da história. O reconhecimento da contribuição do cristianismo para a "caminhada gloriosa" rumo à perfeição alia-se a uma visão laica e secularizada da condição humana e do seu sentido. O curso da história é guiado por uma ideia de progresso inabalável que a análise dos acontecimentos passados revela de uma forma suficientemente clara. Nesse processo, o cristianismo tem um papel fundamental: os seus princípios de caridade e bondade mitigaram os impulsos ferinos da espécie humana contribuindo, destarte, para a instauração e manutenção de uma sociedade civil. Com base nesses pressupostos, Turgot esboça uma filosofia da história dominada pela ideia de um progresso constante e glorioso, em "direção a uma maior perfeição", no qual as paixões e as ambições humanas têm um papel importante, já que concorrem para "multiplicar ideias, aumentar conhecimentos e tornar as mentes mais perfeitas".

Amigo de Turgot, D'Alembert e Voltaire, participante da Revolução Francesa no partido girondino, o matemático, político e economista Condorcet (1743-94) realiza plenamente os propósitos iluministas de uma visão não religiosa dos acontecimentos humanos. A história universal é caracterizada por dez fases ou épocas. Em sua sucessão do pior para o melhor elas representam o progresso acumulativo da razão humana, cuja finalidade é a emancipação do homem, a sua completa libertação social e política. A grande inovação de Condorcet consiste na tentativa de aplicar *modelos matemáticos* à ciência histórica, à política e à moral, a fim de individuar "constantes" capazes de explicar um mundo sujeito a variações imprevisíveis. O instrumento fundamental dessa "matemática social" é o cálculo das probabilidades. Os fenômenos humanos são analisados e formalizados para elaborar médias estatísticas que permitam formular previsões suficientemente confiáveis.

Em sua obra mais célebre, *Esboço de um quadro histórico dos progressos do espírito humano*, publicada postumamente em 1795, Condorcet exalta a revolução, considerada o apogeu de um processo de emancipação começado com a Reforma protestante e a invenção da imprensa, e enfatiza a harmonia existente entre o progresso científico e o progresso moral e político de homens e nações. Apenas quando a ciência e a técnica de cada época ou fase se tornam fatos coletivos, acessíveis a todos ou pelo menos a uma grande maioria de cidadãos, o progresso social do homem se torna possível e duradouro. A longa marcha do espírito – traçada por Condorcet com otimismo, esperança e fervor quase religioso – pode se deparar com estagnações e retrocessos e, durante o seu desenvolvimento, alguns povos correm o risco de recair na barbárie ou atingir somente os primeiros níveis do progresso civil e moral. Entretanto, a sua finalidade (ou seja, a liberdade e a emancipação) está garantida por uma visão científico-matemática que, na realidade, não vai muito além de uma confiança em um plano providencial *a priori*.

Por fim, um aceno aos pensadores escoceses do século XVIII (Adam Ferguson, Adam Smith, John Millar), cujo objetivo era superar o nível de análise meramente política dos acontecimentos humanos. As suas pesquisas se concentraram, portanto, na história da sociedade civil tendo como escopo principal a individuação de "leis" (econômicas, geográficas, demográficas, naturais) capazes de explicar as várias fases e formas da evolução humana. A lógica, o sentido dos acontecimentos, reside nas próprias ações humanas, nos *interesses* individuais e coletivos que as orientam. Não há mais um Deus. No entanto, de acordo com as ideias desses pensadores, um desígnio providencial de cunho econômico, uma verdadeira lei invisível do mercado e do capital, garante que, ao cuidar dos seus interesses, os homens consigam satisfazer também os interesses dos outros. Trata-se de um aperfeiçoamento progressivo caracterizado por quatro grandes estados (selvagem, bárbaro, agrícola, comercial) cujo elemento diferenciador é a maneira com a qual os homens obtêm o seu sustento ao longo dos séculos.

As grandes teorias da Modernidade

É entre o final do século XVIII e o meado do século XIX que surgem as influentes filosofias da história de Kant, Herder, Comte, Hegel, Marx.

O fulcro das reflexões de Immanuel Kant (1724-1804) é a ideia de um progresso cultural da espécie humana rumo ao melhor, tão inevitável quanto necessário, de um fio condutor *a priori* capaz de orientar o curso obscuro e contraditório dos fatos históricos. O filósofo alemão expõe e "fundamenta" a sua concepção basicamente nos escritos *Ideia de uma história universal de um ponto de vista cosmopolita* (1784) e *O conflito das faculdades* (1798).

Ciente de que progresso algum poderia realizar-se pelo desenvolvimento das (dúbias) qualidades e prerrogativas humanas ("de uma madeira tão retorcida, da qual o homem é feito, não se pode fazer nada reto"; a conduta humana mostra-se em seu conjunto entretecida "de tolice, capricho pueril e, frequentemente, também de maldade infantil e vandalismo", escreve no ensaio sobre a *Ideia de uma história universal*), Kant confia no "propósito da natureza", no seu "plano obscuro" que a espécie humana realizaria ao longo da própria história, mesmo sem ter nenhuma consciência de estar trabalhando para isso. Ela é o instrumento mediante o qual a natureza realiza o seu propósito, o seu fim. Para explicar essa passagem crucial o filósofo recorre a uma noção que se tornará célebre: a "insociável sociabilidade" do homem, isto é, o feroz antagonismo que a natureza utiliza para alcançar o seu objetivo.

Com efeito, é a oposição entre a tendência a associar-se e a separar-se que, despertando todas as suas forças e alimentando os motivos mais diversos ("busca de projeção", "ânsia de dominação", "cobiça" etc.), leva o ser humano a superar a tendência à preguiça e ao isolamento, a fim de proporcionar-se uma posição entre semelhantes que ele "não atura", mas dos quais "não pode absolutamente prescindir". Kant tem em mente a fundação de um modo de pensar que, com o tempo, seja capaz de transfigurar as rudes e informes disposições naturais da espécie humana para o juízo moral em verdadeiros "princípios práticos". O objetivo? Transformar um acordo "extorquido *patologicamente* em uma sociedade em um todo *moral*". Tratar-se-ia, em suma, de um progressivo esclarecimento da sociedade humana rumo ao melhor, em que se revela a "disposição de um criador sábio", incompreensível para os homens, mas que realiza o fim providencial da natureza.

Ora, o *problema* decisivo colocado nos parágrafos finais do ensaio é o seguinte: a experiência pode mostrar "algo" de tal curso do propósito da natureza? E a razão, fundamentando-se nos resultados da experiência, pode "acelerar o advento de uma era tão feliz para os nossos descendentes"? Em outros termos, e de forma mais clara, é possível identificar no domínio da história uma prova, um signo, um acontecimento *real* que demonstraria que na espécie humana há um progresso para o melhor? Malgrado todas as ressalvas, Kant responde positivamente a essas interrogações em *O conflito das faculdades*: no curso dos fatos humanos sobrevive uma experiência histórica, um "elemento de fato" que indica à espécie humana o seu destino e lhe revela a sua disposição e capacidade de progredir em direção ao melhor. Essa experiência extraordinária, esse elemento, é a Revolução Francesa; o signo que, brotando do universo dos fatos históricos, doa força e sentido à *práxis* humana e prova a existência de um projeto providencial no qual os homens podem intervir, acelerando a realização do "propósito da natureza" que vimos ser central no ensaio sobre a *Ideia de uma história universal*. Os eventos revolucionários mostram a tendência da humanidade a progredir moralmente, a reconhecer-se como portadora de ideais mais nobres e elevados. Eles não são a causa do progresso para o melhor, mas sim um indício, uma indicação, o "signo histórico" do seu advento como inevitável conclusão do devir humano.

Para a correta compreensão dessa posição, deve-se sublinhar o seguinte: o que é realmente importante para Kant não é a revolução em si, mas um aspecto, poderíamos dizer, um efeito dela. O relâmpago que irradia luz sobre o caminho do ser humano e lhe revela a disposição moral rumo ao progresso e ao melhor é o "*entusiasmo*" do espectador desinteressado, não envolvido nos eventos. O signo, o evento extraordinário, não está diretamente relacionado, como se esclarece no sexto parágrafo de *O conflito das faculdades*, com as ações políticas dos revolucionários nem com a dissolução de antigos edifícios políticos e o surgimento de outros. Ao contrário, ele se dá apenas "no modo de pensar dos espectadores", que se revela publicamente nas grandes revoluções e cuja manifestação de um interesse universal e desinteressado demonstra, a um só tempo, o "caráter universal" e o "caráter moral" da espécie humana e que "não só permite esperar o progresso para o melhor, mas é ele mesmo um tal progresso". A simpatia de aspirações, o entusiasmo que as grandes revoluções provocam nos espíritos dos espectadores não engajados, conclui Kant, não pode ter outra causa "senão uma disposição moral da espécie humana".

A centralidade dos "Espíritos dos povos" e a convicção de que a história da humanidade possui uma racionalidade própria são os pontos fundamentais da reflexão de Johann Gottfried Herder (1744-1803), desenvolvida principalmente em *Outra filosofia da história da humanidade* (1744) e *Ideias para uma filosofia da história da humanidade* (obra em quatro volumes publicados entre 1784 e 1791). Observações empíricas e científicas sobre o universo físico levaram o filósofo e teólogo alemão a se concentrar nas leis evolutivas que dirigem o curso dos acontecimentos humanos. Desde a juventude ele se interrogava a respeito de uma questão essencial: se a natureza tem a sua filosofia, a sua ciência e a sua racionalidade, então também aquilo que nos interessa e nos atinge mais diretamente, ou seja, a história da humanidade, deve ter uma filosofia, uma ciência e uma racionalidade próprias.

Segundo Herder, a evolução da humanidade se dá por fases. São os povos em sua individualidade, os fatos locais, as produções populares de cada nação (fábulas, mitos, músicas, costumes) que, ao se entrelaçarem em determinadas épocas e situações, dão forma ao progresso e injetam sentido no curso dos acontecimentos históricos. Herder rejeita a ideia iluminista de que seriam os soberanos e os Estados – unificadores de diferenças – a ter essa função. Além disso, critica duramente as Luzes por terem transformado a história em um processo centralista, unitário e atemporal, que dissolve a pluralidade de significados expressos por homens e nações que ele considera o único fator de progresso e aperfeiçoamento. Também a Providência, em sua acepção teológico-religiosa, desaparece do cenário. Os autênticos protagonistas, agora, são os "Espíritos dos povos", cujas realizações constituem a racionalidade e o sentido da história e através dos quais se manifesta uma bondade divina e orientadora à qual os desígnios humanos devem, em última análise, submeter-se.

Filósofo e sociólogo francês, Auguste Comte (1798-1857) elabora uma orgânica doutrina científico-positiva da história cujo desfecho é uma visão místico-religiosa que põe em seu centro o culto à humanidade (o "Grande Ser"). A sua obra-prima, *Curso de filosofia positiva* (em seis volumes publicados entre 1830 e 1842), tem como ponto de partida a análise da situação histórica, política e econômica de sua época. O diagnóstico é extremamente negativo: desordem e anarquia dilaceram o mundo moderno, no qual duas correntes partidárias opostas, a revolucionária e a conservadora, tentam em vão impor uma nova e mais equilibrada estrutura social, privilegiando ora a mudança e o progresso social ora a defesa da ordem. O fracasso de ambas deve-se à ausência de princípios metódicos e, sobretudo, ao dogmatismo e ao absolutismo que caracterizam as suas posições. É necessário, pois, que a filosofia (e a política) teológico-metafísica seja substituída por uma filosofia científica ou positiva. Para tanto, é de decisiva importância investigar a evolução histórica da humanidade (nas palavras de Comte, "a marcha fundamental do desenvolvimento humano"), a fim de individuar as leis que a orientam rumo a um objetivo final. A dedução da "grande lei" – que domina todos os ramos da civilização ocidental e dirige "a evolução do conhecimento humano em todas as suas esferas de atividade" – é o resultado dessa investigação. A "descoberta" de Comte, na realidade, nada mais é do que a retomada de uma ideia bastante explorada, ou seja, a teoria dos três estados, sucessivos e necessários, do progresso da humanidade: o teológico ou fictício; o metafísico ou abstrato; o científico ou positivo.

Na primeira época o homem interpreta o mundo de forma antropomórfica, tenta compreender e dominar a natureza através de práticas místico-religiosas com a invocação de deuses, poderes míticos e mágicos. É a infância da humanidade, na qual a imaginação e a fantasia orientam a busca dos princípios absolutos de todas as coisas e os fenômenos são considerados o efeito das decisões de um deus (monoteísmo) ou de muitos deuses (politeísmo). A sociedade funda-se no trabalho escravo e na guerra, e o governo é rigidamente teocrático-militar. A saída dessa fase representa o primeiro significativo avanço da humanidade. No estado metafísico a crença na ação de forças sobrenaturais ou divinas é substituída pelo raciocínio abstrato. O homem critica e dissolve as explicações míticas e religiosas e fundamenta o seu conhecimento – que ainda é caracterizado pela busca de critérios explicativos absolutos – nas entidades abstratas da reflexão filosófica. Na sociedade se afirmam o individualismo e o egoísmo. No âmbito político, o "estado dos juristas", no qual a soberania é transferida para o povo em virtude da ideia do contrato social, suplanta o poder de monarcas e imperadores, mas sem conseguir evitar o surgimento de conflitos entre partidos, forças econômicas e seitas. Na época positiva, a marcha do progressivo desenvolvimento humano começa, finalmente, a consumar-se. A observação e o respeito dos fatos, a adoção de um método científico e a afirmação da "física social" ou sociologia, que integra e completa o sistema das ciências naturais, substituem a imaginação e o raciocínio abstrato. No terceiro e derradeiro estado – que se iniciou com Bacon, Galileu e Descartes –, o homem cessa de interrogar-se em vão quanto aos princípios absolutos e aos porquês das coisas do mundo e começa a investigar as relações entre os fenômenos a fim de individuar cientificamente as leis que os regulam.

No entanto, o estado positivo só poderá alcançar o seu apogeu, realizando *plenamente* a finalidade (*télos*) intrínseca da filosofia da história comtiana, quando todas as atividades humanas tiverem se convertido ao método científico. Adotado há muito tempo pela matemática e pela física, ele é totalmente ignorado pela política, pela economia e pela moral. Nessas esferas de ação dominam ainda os preconceitos, as superstições e as iniciativas desordenadas e egoístas de indivíduos e grupos. A missão que Comte confia a si mesmo e à sua inovadora ciência (a física social ou sociologia) é, portanto, a de efetivar a passagem para o estado positivo de *todos* os saberes. Uma vez alcançado o fim da própria evolução, o homem poderá, finalmente, viver em uma espécie de idade de ouro, na qual todos os conflitos sociais e políticos terão desaparecido e o bem-estar econômico, social e espiritual apoderar-se-á do mundo.

Trata-se de uma visão extremamente otimista que, nas suas últimas obras – *Sistema de política positiva ou tratado de sociologia que institui a religião da humanidade* (quatro volumes publicados entre 1851 e 1854) e *Catecismo positivista* (1852) –, transforma-se em uma verdadeira religião mundana que possui o seu Deus (a humanidade, o "Grande Ser"), os seus santos (os cientistas que guiariam o progresso) e o seu pontífice (o próprio Comte). As ideias positivistas, especialmente a conciliação de duas noções histórica e politicamente opostas, mutuamente excludentes – vale dizer, a defesa da ordem (conservadora) e a necessidade do progresso (liberal-progressista) –, tiveram grande influência na formação do pensamento republicano no Brasil. O maior exemplo é a bandeira nacional, na qual está esculpido o lema de inspiração comtiana "Ordem e Progresso".

Nesse contexto devem ser mencionadas as ideias do filósofo francês Pierre-Joseph Proudhon (1809-65), expressas sobretudo nos livros *O que é a propriedade* (1840) e *Sistema das contradições econômicas ou filosofia da miséria* (1846). Dois são os pontos centrais do seu pensamento: a ambígua concepção de propriedade como "roubo" e "liberdade" e a profunda rejeição de qualquer explicação divina e providencialista da história humana. Quanto ao primeiro, a contradição se dissolve diante da distinção entre o aspecto originário e ineliminável da propriedade, vale dizer, a posse dos meios de produção e o resultado do seu exercício, ou seja, a efetivação de um sistema no qual a propriedade desses meios se concentra em poucas pessoas, o trabalho se transforma em alienação e a propriedade (a posse) se torna renda parasitária, fonte de sujeição e desigualdade.

Essa ideia contribui para esclarecer a filosofia da história proudhoniana, que é forjada a partir de três "elementos" essenciais, a saber, ateísmo, confiança na razão humana, crença na potência emancipacionista da revolução. Suprimida a intervenção divina nos acontecimentos mundanos, é o "intelecto coletivo" ou "universal" a guiar, agora, a marcha da humanidade em direção à libertação. Os avanços da história não são lineares. Eles são provocados por crises revolucionárias sucessivas (Proudhon fala em quatro épocas), cujo fim é o advento de uma sociedade sem Estado regida por princípios de justiça, igualdade e harmonia social.

História e historicidade são fundamentais no grandioso sistema elaborado pelo filósofo alemão Georg Wilhelm Friedrich Hegel (1770-1831). Nos escritos juvenis, a influência dos ideais iluministas de emancipação das trevas religiosas e políticas da tradição se revela determinante. Os grandes acontecimentos da Revolução Francesa levam Hegel a buscar nas repúblicas da antiga Grécia o modelo de comunidade ideal (harmônica, patriótica e popular) que os acontecimentos políticos e sociais sucessivos – a partir da ascensão do Império Romano, e com a fundamental e nociva contribuição do cristianismo – teriam destruído, abrindo caminho para o surgimento de Estados tirânicos e sociedades individualistas. Em seguida, nos anos de Frankfurt e Jena, a ideia de um retorno ou uma renovação da harmonia grega é abandonada e começam a surgir os grandes temas que marcarão a última fase do pensamento hegeliano: reconciliação com o cristianismo, realismo político, desconfiança para com o futuro e as suas promessas de emancipação, afirmação do presente como momento fundamental (*final*) da história em contraposição tanto às nostalgias reacionárias de um retorno ao passado como aos propósitos progressistas e liberais de uma transformação necessária e iminente da sociedade.

Em *A fenomenologia do espírito* (1807), o maior alicerce do seu sistema filosófico, Hegel se engaja na construção de uma "ciência da experiência da consciência".

A partir da reflexão sobre os eventos históricos, políticos e sociais de sua época (a Revolução Francesa, a Restauração e o domínio napoleônico sobre a Europa), são examinadas e descritas as etapas da constituição e do desenvolvimento da consciência natural, desde os seus graus mais imediatos e simples até o pleno reconhecimento do saber (ou espírito) absoluto, ou seja, a superação das cisões e a extraordinária síntese das verdades de todos os saberes precedentes (filosóficos, históricos, científicos, artísticos). A extrema complexidade e vastidão do pensamento de Hegel – como a leitura desses poucos traços, gerais e introdutórios deixa facilmente intuir – obriga-nos a circunscrever radicalmente o terreno da nossa investigação. Nesse sentido, duas são as obras que é preciso examinar: *Lineamentos de filosofia do direito*, de 1821, e *Lições sobre a filosofia da história*, publicada postumamente.

Na natureza, momento precedente e inferior ao espírito (o homem e suas atividades), não há desenvolvimento nem progresso. A sua forma peculiar é o espaço, e o seu ritmo temporal nada mais é do que repetição, eterno retorno do igual. História e historicidade são privilégios do espírito. No entanto, elas estão ainda ausentes no primeiro grau da sua articulação, ou seja, no "espírito subjetivo" que corresponde à posição do homem enquanto indivíduo. Apenas no apogeu da fase sucessiva, na qual o homem é considerado em suas relações familiares, sociais e políticas (o "espírito objetivo"), é que se torna possível uma filosofia da história que explique e oriente o curso dos acontecimentos humanos.

Decisivo nesse processo é o papel do Estado moderno, a *única* instituição capaz de realizar a plena liberdade dos indivíduos e de lhes confiar um destino, uma tarefa, uma finalidade universal cujo desdobramento se dá na história política. Hegel recusa tanto os ideais iluministas e as teorias do contrato social como o liberalismo e todas as posições reacionárias que invocavam um retorno a sistemas políticos precedentes. Ao afirmar que "tudo o que é real é racional", o filósofo quer sublinhar que o Estado – se comparado com a existência humana – representa, sempre, a encarnação suprema da racionalidade no mundo, que supera os interesses pessoais e promove um fim transcendente que não pertence às intenções individuais. Os Estados, portanto, são os protagonistas da "história do mundo". Esta nada mais é do que o eterno, imponente cenário da vida daqueles.

Nas *Lições*, porém, Hegel esclarece que o Estado exprime o "espírito do povo", que, historicamente, a cada vez, dá-lhe forma. Nesse sentido, a filosofia da história pode dedicar-se *apenas* aos povos que, ao longo dos séculos, representaram um momento fundamental do progresso da humanidade regido por uma rigorosa lei de sucessão ideal: cada fase é realizada por um determinado povo que, uma vez esgotada a sua tarefa, fica relegado às margens do desenvolvimento sucessivo, cuja frente é tomada por um povo diferente e assim por diante. Existem três graus nesse processo. No primeiro, o mais baixo, estão os povos orientais, dominados pelo despotismo e, portanto, desprovidos de qualquer tipo de liberdade. A fase sucessiva, na qual apenas alguns são livres, é representada pelos povos grego e romano. Com a ascensão da aristocracia eles realizam, pela primeira vez, uma forma embrional e restrita de liberdade política, que, embora insuficiente, não deixa de ser um progresso em direção ao fim último da história: a Europa moderna e os seus povos. Para alcançar a meta, o terceiro e mais alto grau do desenvolvimento do espírito, são fundamentais os ideais de igualdade e justiça do cristianismo, que, assimilados pelos povos germânicos, permitem a realização progressiva da plena e completa liberdade de todos (sempre, porém, no âmbito e sob a soberania da Lei e do Estado).

O "fim da história do mundo" é, pois, a consumação da longa marcha do espírito rumo ao saber daquilo que ele é verdadeiramente e à sucessiva efetivação (ou objetivação) desse saber em um mundo no qual ele mesmo se revela. A história universal, escreve Hegel, é a "representação do processo divino", do curso gradual "em que o Espírito conhece a si mesmo e a sua verdade e a realiza". Em outros termos, uma racionalidade progressiva se manifesta na história. Os materiais com os quais trabalha e os instrumentos que usa são os povos e os indivíduos, que, para além de qualquer intenção consciente, tanto submetendo-se como resistindo a seus planos, contribuem para a realização de uma finalidade universal. É o que o filósofo define como "astúcia da razão", tradução laica, secularizada e imanente do conceito cristão de Providência.

Filosofia, história, economia, ciência contribuem de forma decisiva para a formação do pensamento de Karl

Marx (1818-83). Não será possível examinar aqui as apropriações e os desenvolvimentos das suas doutrinas nem nos determos nas questões hermenêuticas ligadas, por um lado, à influência de outros pensadores (Hegel, o socialismo utópico de Fourier e Saint-Simon, os economistas Ricardo, Smith e Quesnay etc.), por outro, à distinção, e, por conseguinte, à afirmação de uma prevalência teórica entre a primeira e a segunda fases da sua reflexão. Para os fins de nosso ensaio, será suficiente acenar aos elementos essenciais de uma filosofia da história que – com base na necessidade de uma ruptura revolucionária, de um novo começo no curso dos acontecimentos humanos e tendo como seu próprio fim e sentido o advento de uma sociedade sem conflitos, justa, pacificada e livre – se estrutura através das ideias de luta de classes, de superação dialética das contradições e de *práxis* revolucionária. Entre os escritos mais importantes, além de *O capital*, devem ser lembrados *Teses sobre Feuerbach* (1845), *Manifesto comunista* (1848), *A ideologia alemã* (1845-46), *Contribuição à crítica da economia política* (1859).

A análise de Marx deve menos à descoberta da existência de antagonismos entre grupos e classes sociais do que à conexão entre esses contrastes e determinadas fases do desenvolvimento histórico da produção econômica. É o que foi definido como "materialismo histórico", ou seja, a ideia de que as realizações "espirituais" do homem (política, religião, arte, filosofia etc.) seriam determinadas pelos modos de produção da vida material ou, em outros termos, pelas estruturas econômicas das diversas formações sociais em conflito.

Criticando tanto as conclusões de Hegel (do qual, porém, conserva a ideia central de um progresso na história regido por leis cientificamente conhecíveis) como as de seus discípulos, Marx, junto com Friedrich Engels (1820-95), não vê na afirmação do Estado burguês a consumação do devir histórico e a realização de sua finalidade de paz, justiça e liberdade. Ao contrário, a compreensão dos processos históricos, sociais e políticos deve servir para prever e, de certa forma, organizar a lógica intrínseca da passagem para a fase final do "desenvolvimento" histórico, isto é, a crise do capitalismo e da burguesia, a ditadura do proletariado e, finalmente, o advento de uma sociedade sem classes e sem divisão de trabalho.

A "força estranha", isto é, o capital, o modo de produção capitalista, que escravizou os indivíduos em uma escala histórico-universal, se dissolverá, como escreve na *Contribuição à crítica da economia política*, através da eliminação da ordem social existente, da evolução comunista e da abolição da propriedade privada. Será o momento de uma revolução universal e da construção de um "reino mundano de Deus" (a expressão é de Löwith) com o fim da exploração e da opressão capitalista e a realização de condições efetivas de "liberdade para todos", justiça, "vida boa" e paz.

A negação do sentido histórico

Alcançado o seu apogeu com as grandes teorias da Modernidade, as ideias e as noções centrais da filosofia da história começam a ser atacadas no século XIX, para entrar definitivamente em crise no século XX. As críticas (e os autores) mais importantes dessa época serão objeto da seção seguinte. Antes, porém, devemos dedicar a nossa atenção a alguns pensadores que não apenas censuraram as visões tradicionais como negaram com veemência a presença de qualquer sentido, *télos*, finalidade, progresso etc. no curso dos acontecimentos histórico-políticos. Absurdo, irracionalidade, caos, acaso, ilogicidade são os termos-chave de suas reflexões e descrições.

Retomando e criticando os pontos centrais da filosofia kantiana, Arthur Schopenhauer (1788-1860) afirma que a coisa em si, o *noumeno*, não é um conceito-limite incognoscível, mas o fundamento cego, irracional, unitário dos fenômenos, do mundo da representação, ou seja, do universo humano, com as suas ações, desejos, acontecimentos etc. Esse fundamento é definido como vontade, que se objetiva em graus diferentes (Ideias) no mundo dos fenômenos, da natureza, da história. O gênero humano é composto por uma massa de "bonecos" que age, trabalha, sofre, atormenta-se, luta, encenando assim a "comédia inteira da história universal". Não há nenhum tipo de sentido, finalidade, objetivo nesse processo dominado por uma força (a vontade) irracional, casual, cega e ilusória.

Para Schopenhauer, o curso histórico é apenas a incessante repetição de um destino nefasto, ou seja, do mecanismo de carência, necessidade, desejo e tédio que governam a vontade. A história universal da espécie humana, escreve em sua principal obra, *O mundo como von-*

tade e representação (1819), nada mais é do que a "forma casual" assumida pela manifestação da vontade à qual fatos e ações são absolutamente irrelevantes, estranhos e indiferentes, assim como o são as figuras que se desenham no céu às nuvens e a forma dos sorvedouros e das espumas ao rio.

A visão de história do filósofo italiano Giuseppe Rensi (1871-1941) é fortemente influenciada pelo ceticismo-pessimismo que marca a sua trajetória intelectual em obras como *Lineamentos de filosofia cética* (1919), *A filosofia da autoridade* (1920), *A filosofia do absurdo* (1937). Apenas em "espíritos abstratos" e vazios se põe o dilema: ou pessimismo (afirmação de um conhecimento da realidade) ou ceticismo (declaração da impossibilidade do conhecimento). Para aqueles que vivem intensa e lucidamente as situações, escreve em *A filosofia do absurdo*, afirma-se com uma clareza exemplar que ambos são ramos do mesmo tronco. Da intuição cética que sentencia: a realidade é irracional e absurda e, portanto, incompreensível, deriva, naturalmente, fundindo-se com ela, a constatação pessimista: exatamente porque irracional e absurda, essa realidade é dolorosa e desesperadora. A história não tem sentido, tampouco a humanidade marcha rumo a algum tipo de aperfeiçoamento. Os seus movimentos irracionais e absurdos se devem, lembrando a eloquente imagem traçada no livro de 1937, às idênticas razões que empurram um homem a percorrer um caminho disseminado de brasas ardentes. A dor é insuportável, queima a carne, dá a força para avançar mais um passo; mas ele nada pode e sabe fazer a não ser pôr os seus pés já devastados sobre um novo carvão incandescente.

À concepção clássica de um desenvolvimento linear e progressivo o filósofo alemão Oswald Spengler (1880-1936) substitui uma visão biológica da história. O mundo do devir temporal se mostra mediante fenômenos singulares e irrepetíveis cuja trama dá vida a uma "morfologia" que reproduz a ciclicidade do organismo humano, a realização de seu ritmo de nascimento, decadência e morte. Essa teoria da história (na qual, atente-se, não há nenhum vestígio de finalidades racionais, nem eventos ou ações que possam retardar ou evitar a consumação desse processo orgânico) é exposta no livro *A decadência do Ocidente* (1918-22). As civilizações, assim como qualquer ser vivo, surgem, decaem e morrem. Não há fim ou progresso; apenas uma sucessão de estruturas sociais, políticas e culturais que, uma vez exaurido o seu próprio ciclo vital, desaparecem sem deixar nenhum tipo de legado.

Antes de concluir esta seção, com o exame do pensamento de Emil Cioran (1911-95), talvez o mais radical crítico das filosofias da história da Modernidade, é preciso acenar ao pessimismo metafísico de Albert Caraco (1919-71). Nascido em Istambul e radicado em Paris a partir da década de 1940, autor de uma obra tão extensa quanto fragmentária, parcialmente publicada só após sua morte, Caraco arroja as suas execrações contra o universo do ser e da história no qual imperam indiferença, caos, absurdo. Nenhum plano providencial governa o curso dos acontecimentos histórico-políticos. O que há é o domínio da maldade e do nada, o "sonho de uma inteligência cega" ou o "jogo de um princípio sem moral" (*Minha confissão*, 1975) em que multidões de sonâmbulos, sob o encantamento de seus sedutores espirituais e o jugo de seus senhores, dirigem-se com passo uniforme para a catástrofe (*Post mortem*, 1968).

História e política estão entre os alvos principais dos anátemas filosóficos de Cioran. Partindo da constatação de que os imponentes sistemas da Modernidade nada mais são, em sua essência, do que versões camufladas da concepção teológico-providencial da história, o pensador franco-romeno destrói quaisquer pretensões de evocar ou atribuir um sentido aos acontecimentos humanos. Na "escala das irrealidades", o devir histórico ocupa o primeiro lugar; a sua característica fundamental, como escreve em *Esquartejamento* (1979), é produzir erros e enganos, ou seja, injetar uma finalidade, uma natureza própria, um objetivo àquilo que, em si, delineia-se tão somente como o domínio do absurdo, do acaso, do insensato.

Nesse processo, os dispositivos da utopia (que Cioran aborda em um livro essencial, *História e utopia*, de 1960) têm sido determinantes. Com efeito, o motor de todas as teorias da história deve ser procurado na força de encantamento, na capacidade de oferecer esperanças e consolações e no rigor profético das doutrinas utopistas. Trata-se da "fascinação do impossível", da confiança cega e irracional na ideia (ou promessa) de um "não-lugar", de um "lugar que não existe" (utopia: do grego *ou*, "não", e *tópos*, "lugar"). Na realidade, a "história se desenvolve *sem nenhum motivo*"; ela é regida por uma "potência tenebrosa e irônica", "maléfica", que, com "obstinação e método", não guia as civilizações rumo aos fins planejados ou esperados, mas as conduz na direção oposta, precipitando-as nos abismos. "Há mais honestidade e rigor nas ciências ocultas do que nas filosofias que atribuem um 'sentido' à história", escreve Cioran no *Breviário de decomposição* (1949), destacando, em uma clara referência a Hegel, que ela nada mais é do que a "ironia *em marcha*", a "farsa" da Razão, a "gargalhada do Espírito" através dos homens e dos acontecimentos.

A crise das filosofias da história

Não é no âmbito filosófico, mas no das ciências históricas de língua alemã que, em meados do século XIX, surgem as primeiras visões críticas da Modernidade que, mediante uma postura teórica relativista e ao considerar a história um "mero" objeto de estudo científico, põem em xeque os seus paradigmas. Entre os autores mais significativos devem ser mencionados três. O historiador Leopold von Ranke (1795-1886), para o qual o curso das ações e fatos humanos não é orientado por um único fim transcendental, mas por leis imanentes que se condensam nas várias épocas históricas, tendo cada uma o seu valor, a sua finalidade específica em sua própria e peculiar existência. O historiador e político Johan Gustav Droysen (1808-84), que, ao recusar a ideia de leis gerais (científicas) capazes de decifrar o fluir ininterrupto e violento da "vida global da humanidade", confia à pesquisa histórica a tarefa, mais específica e limitada, de esclarecer o presente através do estudo e da compreensão do passado. E o filósofo e historiador Wilhelm Dilthey (1833-1911), o maior expoente do historicismo alemão, para quem a filosofia da história, por causa das suas injustificadas pretensões universalizadoras e metafísicas, deve ser rejeitada e substituída por uma análise (uma "psicologia") do sujeito histórico, através da qual se tornaria possível, finalmente, compreender o mundo histórico-social.

Exaltação da *vida* e glorificação do eterno *presente* são os eixos da reflexão sobre a história de Friedrich Wilhelm Nietzsche (1844-1900). Os alvos de suas acusações e críticas são tanto o "excesso de história" e a "veneração do passado" (aos quais se dedica na segunda consideração intempestiva *Da utilidade e desvantagem da história para a vida*, de 1874), como a concepção linear de tempo e a ideia de uma evolução da humanidade e de uma finalidade futura (enfrentadas principalmente em *Assim falou Zaratustra*, publicado entre 1883 e 1884, mas cuja problemática se insere em um contexto muito mais amplo de obras – *O nascimento da tragédia*, 1872; *Humano demasiado humano*, 1878; *Aurora*, 1881; *A gaia ciência*, 1882; *Crepúsculo dos ídolos*, 1888 – e questões – a ideia de decadência, a morte de Deus e o niilismo, o além-do-homem, a vontade de potência, o eterno retorno).

Na segunda intempestiva, a crítica do filósofo alemão se dirige ao "excesso", ao "abuso" e à "sobrevalorização" do saber histórico praticado pela cultura de sua época. Trata-se de uma verdadeira "doença", uma "deficiência", uma "febre" que degenera e entorpece a vida, torna-a fastidiosa, enferma, infeliz. O remédio? É necessário sentir-se e colocar-se "momentaneamente fora da história"; saber esquecer a tempo (os fardos da tradição), mas também saber recordar a tempo, ou seja, saber quando é preciso considerar as coisas não historicamente e quando, ao contrário, é imprescindível considerá-las historicamente.

Nietzsche distingue três formas de história – monumental, antiquária, crítica – relacionadas a diferentes atitudes ou visões de mundo do ser humano. Na primeira, a busca e a individuação de modelos, iniciadores e consoladores nos acontecimentos passados, a fim de poder suportar as incertezas do presente e criar "grandes coisas", leva, enganosamente, a acreditar na existência de um *télos*, de um futuro glorioso e salvador. Na segunda, o homem encara o passado como um antiquário, visando apenas perpetuar, conservar e venerar o status quo. Por fim, na história crítica – que o filósofo exalta e auspicia – o homem, sob o impulso da necessidade presente, do aqui e agora, tem a oportunidade de livrar-se dos fardos da tradição que paralisam e enfraquecem a vida, dando, desse modo, o passo decisivo rumo a uma *nova* humanidade.

Em outros termos, tanto o sentido histórico como a sua negação são necessários à saúde de um indivíduo, de uma nação e de uma civilização. O que é perigoso e danoso é justamente o excesso de saber histórico, a sua sobrevalorização, a sua transfiguração em ciência, fé ou admiração, que nos levam a acreditar nas nocivas e supérfluas ideias de uma evolução ou de um progresso da espécie humana e das suas realizações culturais, morais e políticas. Não há salvação nem esperanças transcendentes. É necessário, pois, afirmar a vida e o presente; permanecer fiel à terra, a um mundo que "atinge a cada instante o seu objetivo".

Esses motivos condutores são retomados nas obras sucessivas e inseridos em um horizonte filosófico mais vasto e problemático do qual só poderemos lembrar alguns pontos essenciais. Antes de tudo, a ideia de que a história do Ocidente nada mais é do que a história de uma decadência milenar, iniciada com o racionalismo socrático e em fase de consumação na nossa época. A tarefa do "filósofo legislador", do "espírito livre", que, como se lê no aforismo 9 de *Aurora*, não possui vínculos, pois ele "*quer* depender em tudo de si mesmo e não de uma tradição", é de engajar-se em uma obra de desmascaramento das verdades "absolutas" e dos valores da tradição, a fim de mostrar que se trata tão somente de realizações humanas, frutos de razões contingentes e opressoras que levam ao desprezo *desta* vida e *deste* mundo em nome de um sentido de futuro.

Ora, Deus está morto; o niilismo, hóspede inquietante e perturbador, já invadiu os nossos lares; o "mundo verdadeiro" foi suprimido, mas com ele se dissolveu também o "mundo aparente". Não há mais verdades, valores, princípios, finalidades, *télos*. É o "fim do erro mais longo", o "ponto culminante da humanidade" (*Crepúsculo dos ído-*

los). É a hora de Zaratustra, o profeta dos três alicerces do pensamento nietzschiano: além-do-homem, vontade de potência, eterno retorno do idêntico. Trata-se do enigmático legado do filósofo, diante da ignorância e do escárnio do último homem e do vaticínio de uma nova humanidade: necessário é aprender a libertar-se das seduções do passado e do futuro; proferir um sagrado "não" ao que foi e ao que será; criar novos valores; exaltar a vontade e a vida, aceitar e amar o eterno presente, "dizer sim" ao eterno retorno de todas as coisas.

Significativa, dentro do cenário contemporâneo, é a posição de Walter Benjamin (1892-1940), produto de uma singular fusão de experiências, interesses e influências (filosofia, política, sociologia da arte, crítica literária, mística judaica, marxismo) cujo trágico pano de fundo é a Europa entre as duas guerras mundiais. Sob acusação estão as visões otimistas do devir histórico impostas pela Modernidade e, de fato, ainda escassamente atingidas pelos argumentos de seus críticos contemporâneos (o alvo, aqui, é o historicismo). Nas *Teses sobre a filosofia da história* (1940) Benjamin denuncia as pretensões, a falsidade e os engodos de todas as teorias da história cujos fundamentos residem tanto nas noções de progresso, finalidade etc., como na ideia de um tempo homogêneo e linear. O curso das ações e dos fatos humanos, com efeito, não é um processo racional e orientado, mas o caótico desenrolar-se de uma violenta e opressora apologia do presente edificada pelos "vencedores". O olhar do "anjo da história", que o filósofo alemão comenta em uma das suas *Teses,* a partir de um quadro de Paul Klee, revela o verdadeiro rosto da história. Virado para o passado, as asas abertas e os olhos escancarados, ele vê "uma catástrofe única, que acumula incansavelmente ruína sobre ruína" lá onde o homem vê uma cadeia racional de acontecimentos. O anjo gostaria de deter-se para socorrer, juntar os cacos, "acordar os mortos". Uma tempestade, porém, o atinge e o impele com força para longe daí, em direção ao futuro, enquanto o amontoado de ruínas aumenta. Essa tempestade, conclui Benjamin, "é o que chamamos de progresso".

Uma vez criticadas e demolidas as concepções tradicionais de história, o filósofo não se exime de indicar um vislumbre de esperança e redenção cuja força provém de uma peculiar aliança entre a teologia e o materialismo histórico. Para ilustrá-la, é utilizada a alegoria do fantoche que joga xadrez. Ele derrota todos os adversários, mas quem o guia é um anão, mestre em xadrez, que se esconde embaixo da mesa. O fantoche é o materialismo histórico que "deve vencer sempre", mas é incapaz de fazê-lo sozinho; o anão é a teologia, que, timidamente escondida, entretanto forte e experiente, deve ser posta a serviço do primeiro. A história pode e deve ser escrita de outra maneira. É necessário romper radicalmente com o passado e recuperar a tradição do messianismo judaico mediante a fundação de outro conceito de tempo, do "tempo de agora" (*Jetztzeit*), no qual se anuncia a esperança de uma sociedade melhor, mais livre e justa.

O suicídio da Europa, a catástrofe da Segunda Guerra, o horror de Auschwitz, da Shoah, de Hiroshima e Nagasaki arrastam ao banco dos réus a Razão ocidental e, por conseguinte, a própria ideia de uma racionalidade na história. São décadas de crises, revoltas, tentativas de emancipação; o *boom* econômico, Maio de 1968, a Guerra Fria; os avanços da ciência e da técnica, o niilismo, os discursos sobre o fim (da razão, da filosofia, da história, do sujeito, da tradição etc.).

O mapeamento cultural da atualidade encomendado a Jean-François Lyotard (1924-98) pelo governo do Quebec efetiva-se em 1979, com a publicação de *A condição pós-moderna*, livro de grande repercussão em que, pela primeira vez, define-se filosoficamente a cultura e a sociedade do nosso tempo como pós-moderna. O ponto de partida da análise do filósofo francês é a constatação de que as regras do jogo da ciência, da literatura, das artes etc. sofreram profundas e radicais modificações no século XX. Dissolveram-se os *grands récits*, as grandes narrativas ideológicas (metarrelatos ou metadiscursos) que sustentavam o projeto filosófico, cultural, social da Modernidade, ou seja, Iluminismo, idealismo, marxismo. A "função narrativa" cessa de ter o seu sentido e a sua legitimidade, os seus "grandes heróis" e os seus "grandes fins". O projeto da Modernidade de conferir um sentido unitário, universal e totalizante à realidade, à evolução histórica, fracassou; as narrativas que o orientavam perderam as forças e não foram substituídas por outros paradigmas igualmente fortes e potentes. Com efeito, o que caracteriza o universo contemporâneo, isto é, pós-moderno, é uma "nebulosa de elementos", um processo de fragmentação, regionalização (dos saberes e dos fins), contaminação. É a emersão das diferenças; a afirmação do plural e do multíplice; o desaparecimento do pensamento único e da perspectiva teleológica nas reflexões sobre a história humana.

Alguns desses conceitos são retomados no livro *O entusiasmo – A crítica kantiana da história* (1986), dedicado, justamente, ao exame da teoria de Kant, ao signo histórico do "entusiasmo". Segundo Lyotard, o "fato" da pós-modernidade impõe não só o definitivo abandono da ideia de centralidade do homem e da razão, mas também o da visão providencialista da história, do plano da natureza, do fio condutor *a priori* e *universal* do progressivo esclarecimento da sociedade humana rumo ao melhor, em que se revelaria a disposição de um criador sábio etc. Ao invés disso, é preciso considerar a história e a política como universos dotados de fins (e linguagens, experiências, exigências sociais) diversos e heterogêneos, incomensuráveis e conflitantes, nos quais, porém, é possível cultivar a liberdade e o diálogo mediante uma "concatenação" (um papel decisivo é atribuído, aqui, ao senso comum e ao sentimento estético) tão necessária e unificante (rumo a sentidos gerais) quanto, sempre já, singular e contingente.

Nesse horizonte de crise, outros diagnósticos surgem na tentativa de descrever e compreender o nosso tempo. Os seus conceitos-chave, já bastante desgastados, muitas vezes considerados sinônimos ou confundidos e utilizados para diferentes fins teórico-políticos, são "fim da história" e "pós-história".

O antecedente histórico do primeiro é o filósofo francês de origem russa Alexandre Kojève (1900-68), que, já na primeira metade do século XX, havia procurado nas ações e acontecimentos humanos as bases da sua declaração sobre o fim da história, explicitamente calcada nas ideias de Hegel. Em um primeiro momento é Napoleão, o grande vencedor da batalha de Iena, quem se torna o símbolo da inevitável e inabalável afirmação dos valores democráticos da Revolução Francesa, nos quais o Estado contemporâneo pode fundar-se e legitimar-se em escala universal. Esse processo aponta para o fim da história, ou seja, o momento em que o Estado, conciliando dialeticamente as contradições, os conflitos e as oposições, finalmente se ergue como o "espaço" em que se esgota toda possibilidade histórica. Em seguida, a partir do fim dos anos 1950, Kojève muda o foco de seu interesse teórico (mas não a sua ideia central), adaptando-o ao novo cenário internacional. O fim da história, ou melhor, "a maneira de vida própria da época pós-histórica", realiza-se na afirmação planetária, na universalização da democracia liberal, capitalista e baseada no livre mercado, assim como se efetiva nas instituições políticas e econômicas dos Estados Unidos.

O cientista político Francis Fukuyama (1952-) utilizou incisivamente as ideias kojevianas e hegelianas, a partir do seu famoso e polêmico ensaio de 1989 *O fim da história?*. A sua tese fundamental é a seguinte: a queda do muro de Berlim e a dissolução dos regimes comunistas nos países do Leste europeu demonstram que não é mais possível pensar em outras instituições que não sejam as da sociedade atual, liberal-democrática, industrial e capitalista. As exceções (a do mundo islâmico, por exemplo) e as resistências a esse processo são consideradas um mero e ocasional acidente de percurso, que não teria força nem consenso e tampouco instrumentos para interromper ou impedir a consumação do fim da história, ou seja, o equilíbrio e a "administração" do que já se possui, de tudo o que foi alcançado ao término do longo caminho da Modernidade. O transcorrer do tempo, os argumentos dos seus críticos, os desmentidos da história não atingiram o núcleo dessas concepções. Em um texto publicado no *Wall Street Journal* algumas semanas após os atentados terroristas de 11 de setembro de 2001, Fukuyama reiterou a sua posição: permanecemos no fim da história porque "há somente um sistema que continuará a dominar as políticas mundiais, o do Ocidente liberal e democrático". O cientista político não nega que sempre haverá conflitos políticos e culturais nas nossas sociedades. Todavia, eles não representariam uma luta entre várias culturas, iguais e distintas (como as das grandes potências da Europa no século XIX, por exemplo), mas apenas uma "série de ações de retaguarda" da parte de uma sociedade (a dos regimes islâmicos) cuja existência é ameaçada pelo projeto político da Modernidade.

Reelaborando ideias e questões já presentes no âmbito cultural francês e alemão, Arnold Gehlen (1904-76) teoriza explicitamente as noções de fim da história e de pós-história (*posthistoire*), sobretudo nos ensaios *A secularização do progresso* (1967), *Fim da história?* (1974), *A cristalização cultural* (1961). Ao curso histórico entendido como progresso, desenvolvimento, evolução dinâmica e universal, o antropólogo e sociólogo alemão contrapõe um estado permanente de rotina no qual será impossível operar transformações, produzir novas visões de mundo e em que se assistirá à mera sobrevivência de esferas diferentes de atividades. O movimento da civilização tecnológico-industrial, apesar de oscilações, avanços e recuos, levou a um "estado de motilidade perpétua" em que tudo se reproduz e se repete incessantemente: é a "estase da história", é o seu fim, o seu "pós". Não há mais forças simbólicas (filosofia, arte, religião) capazes de construir uma nova imagem de mundo; a civilização alcançou um estágio de cristalização cultural, de substancial paralisia. Na pós-história tudo tende a nivelar-se no plano da contemporaneidade e da simultaneidade, o progresso se torna rotina e se dissolvem as ideias de renovação e transformação.

A história e a questão do seu sentido voltam a ser um problema relevante para a filosofia das últimas décadas, sobretudo em virtude das reflexões de Jürgen Habermas (1929-), Gianni Vattimo (1936-) e Jacques Derrida (1930-2004).

O itinerário intelectual de Habermas é constituído por quatro momentos fundamentais: a continuação e a revisão do marxismo (inclusive a Teoria Crítica); o confronto com a ontologia hermenêutica de Hans-Georg Gadamer (1900-2002); a construção da "teoria do agir comunicativo"; a defesa da Modernidade, a formulação de uma "ética do discurso" e as críticas ao "neoconservadorismo" de cunho heideggeriano-nietzschiano dos pós-modernos. Nessa constelação temática, as suas reflexões sobre a "filosofia da história", embora desenvolvidas quase *en passant*, são relevantes, uma vez que lançam luz sobre o projeto de fundo da filosofia habermasiana, ou seja, a *defesa* da Modernidade e a proposta de uma nova forma de racionalidade fundada na intersubjetividade comunicativa (teses expostas, entre outros, nos livros *Teoria e práxis*, 1971; *Teoria do agir comunicativo*, 1981; *O discurso filosófico da modernidade*, 1985; *A revolução em curso*, 1990).

Colocando em xeque a noção de pós-história e os discursos ético-políticos dos pós-modernos, o filósofo alemão sustenta que a ideia moderna de história é um projeto inacabado, que pode e deve ser retomado, relançado e expandido. A história não terminou. Ao contrário, ela está "novamente em movimento, acelerando, até mesmo em superaquecimento", escreve em *Cidadania e identidade nacional* (1990). Novos problemas surgem, contribuindo de modo decisivo para mudar antigos cenários e visões de mundo. Perspectivas inéditas e vigorosas se abrem para o futuro; novos pontos de vista restituem ao homem a "habilidade para perceber cursos de ação alternativos".

Crítico enérgico da metafísica, das verdades absolutas e dos princípios totalizantes que marcam a sua história, Vattimo considera de forma positiva tanto os discursos da pós-modernidade como o niilismo, isto é, a postura teórica que nos permite desmascarar, pôr sob acusação e dissolver as pretensões violentas e silenciadoras da metafísica ocidental. Essa corrosão de valores e fundamentos não leva a um estéril relativismo, mas, sim, a uma reformulação radical das grandes questões herdadas da nossa tradição de pensamento, mediante a qual se torna possível "fundamentar" novas propostas teóricas e ético-políticas. Essencial, nesse processo, é a noção de enfraquecimento, que desde *O pensamento fraco*, de 1983, é posta em prática em outras obras importantes, tais como *O fim da modernidade – Niilismo e hermenêutica na cultura pós-moderna* (1985), *Ética da interpretação* (1989), *Para além da interpretação – O significado da hermenêutica para a filosofia* (1994), *Niilismo e emancipação* (2003).

Para o filósofo italiano, com efeito, a história ocidental não deve ser interpretada como a grande marcha da humanidade em direção ao melhor ou ao cumprimento de alguma finalidade. Ao contrário, ela nos fala de um "progressivo afastamento do pior"; o seu "sentido" reside no gradual enfraquecimento das estruturas fortes da metafísica: o Ser, que de fundamento impositivo e universal dissolve-se em mera eventualidade (o Ser não é, ele acontece; é evento, errância, envio); a Verdade, que de absoluta e violenta se torna objeto de interpretação; Deus, que mediante a encarnação em Cristo se faz homem, despoja-se de sua soberba alteridade, entra na história e no mundo; o Estado, que de tirânico e totalitário se torna democrático etc.

Também em Jacques Derrida as reflexões sobre a história não são expostas de forma ordenada e metódica. Elas surgem fragmentariamente, em contextos argumentativos e conceituais mais amplos que se sucedem ao longo de 35 anos de escrita. De qualquer modo, é sem dúvida possível identificar na complexa produção do filósofo francês três momentos fundamentais, a saber, a crítica da visão linear do tempo e da história; a afirmação, no âmbito da desconstrução da metafísica, da impossibilidade de um fim da história; a indicação, calcada no messianismo judaico, de um "sentido" por vir (*à venir*).

Em *Posições*, importante livro de entrevistas publicado em 1972, Derrida esclarece o alcance de uma série de questões teóricas enfrentadas em livros precedentes (*Gramatologia* e *A escritura e a diferença*, ambos de 1967). Antes de tudo, a crítica desconstrutiva do significado transcendental ou *télos* ou, em outros termos, de uma visão metafísica e tradicional em que a história é sempre associada ao "esquema linear do desenrolar da presença", do sentido, da finalidade. Não se trata de uma recusa da história *tout court*, mas de uma profunda "desconfiança" em relação ao "conceito *metafísico* de história", a todo um "*sistema* de implicações" de natureza teleológica, escatológica, acumulativa, continuativa, denotativa de verdade etc.

Em seguida, em plena década de 1980, o filósofo ataca a "mística do fim" e o "afã escatológico" que atravessam os discursos filosóficos contemporâneos (de cunho hegeliano, marxista, nietzschiano e pós-moderno). Todas essas posições aparentemente diversas levam, como se lê em *Sobre um tom apocalíptico adotado recentemente em filosofia*, de 1983, a uma espécie de "*Apocalypse now*" conceitual no qual, mediante "a forma de uma emulação em eloquência escatológica", cada teoria recém-chegada declara o fim de seu objeto particular (é o fim da história, o fim da luta de classes, o fim da filosofia, a morte de Deus, o fim das religiões, o fim do sujeito, o fim do homem etc.). Finalmente, o terceiro momento se concretiza na última fase do pensamento de Derrida, quando é trazida à tona uma série de preocupações ético-políticas que, mediante a influência da tradição judaica, conflui para a ideia central de uma expectativa messiânica, de um por vir (da justiça, do outro, da liberdade etc.) plural, improgramável e incondicionado. O evento, diz o filósofo em *Espectros de Marx* (1993), "não pertence a este tempo, ele não dá tempo, não este".

Leituras recomendadas

As obras fundamentais que formam o corpus do que definimos como "filosofia da história" foram citadas ao longo do livro. Destacaremos aqui, portanto, apenas alguns textos de caráter *introdutório* e *filosófico* (de acordo com a perspectiva exposta na nossa Introdução):

Bodei, Remo. *A história tem um sentido?* São Paulo, Edusc, 2001. Escrito com uma linguagem clara e acessível, o livro, apesar de não ser muito extenso, é um bom portal para uma primeira compreensão do tema.

Dray, William. *Filosofia da história*. Rio de Janeiro, Jorge Zahar, 1977; e Gardiner, Patrick. *Teorias da história*. Lisboa, Fundação Calouste Gulbenkian, 1984. Dois bons exemplos, provindos do âmbito anglo-saxão, da discussão analítica em torno do conhecimento histórico que, nas décadas passadas, tiveram certa influência no Brasil.

Löwith, Karl. *O sentido da história*. Lisboa, Edições 70, 1991. Obra essencial, tanto pelo seu valor teórico como pela reconstrução do horizonte histórico (obras, autores, questões) da filosofia da história.

Walsh, William H. *Introdução à filosofia da história*. Rio de Janeiro, Jorge Zahar, 1978. Embora seja considerado por alguns um clássico sobre o tema, apresenta uma série de lacunas bastante sérias, além de ser irremediavelmente datado (foi publicado em 1951).

Um aceno, por fim, à revista *Philosophica*, do Núcleo de Estudos e Pesquisas em Filosofia da História e Modernidade do Departamento de Filosofia da Universidade de Sergipe, que, desde 2000, publica artigos, ensaios e resenhas de pesquisadores brasileiros e estrangeiros relacionados à filosofia da história e às suas conexões com a Modernidade.

Sobre o autor

Rossano Pecoraro é formado em filosofia pela Universidade de Salerno, Itália, e é mestre e doutor em filosofia pela Pontifícia Universidade Católica do Rio de Janeiro (PUC-Rio). Atualmente é coordenador executivo do Instituto de Estudos Avançados em Humanidades do Centro de Teologia e Ciências Humanas da Pontifícia Universidade Católica do Rio de Janeiro (IEAHu/PUC-Rio), professor do curso de pós-graduação *latu-sensu* em filosofia contemporânea da PUC-Rio, coordenador do "Fórum Krisis" de Filosofia, Humanidades e Ciências Sociais e membro do Grupo de Trabalho (GT) Filosofia da História e Modernidade da Anpof. As suas áreas de atuação e pesquisa interdisciplinar são: pensamento contemporâneo, estética, filosofia e teatro, teoria política, filosofia da tecnociência.

Ensaísta e jornalista, publicou, entre outros, *Niilismo e (Pós)Modernidade* (PUC-Rio/Loyola); *Cioran, a filosofia em chamas* (EDIPUCRS); *Derrida* (in: *Os filósofos – Clássicos da filosofia*, vol.3, PUC-Rio/Vozes); *Niilismo* (Zahar, Coleção Passo-a-Passo); *Metafisica e poesia nel pensiero di María Zambrano* (in: *Metafisica nel terzo millennio*, Idente); *Du Droit à la Justice: Derrida et Vattimo* (in: *Contemporary Philosophy*, Atas do XXI Congresso Mundial de Filosofia); *Niilismo, metafísica, desconstrução* (in: *Às margens: a propósito de Derrida*, PUC-Rio/Loyola); *La filosofia del voyeur. Estasi e scrittura in Emil Cioran* (Il Sapere). Poesias suas aparecem em *Segni d'Autore* (MPE). É organizador da obra em três volumes *Os filósofos – Clássicos da filosofia* (PUC-Rio/Vozes) e da coletânea *Filosofia contemporânea – Niilismo, política, estética* (com J. Engelmann, PUC-Rio/Loyola).

Coleção **PASSO-A-PASSO**

Volumes recentes:

CIÊNCIAS SOCIAIS PASSO-A-PASSO

O negócio do social [40], Joana Angélica Barbosa Garcia

Origens da linguagem [41], Bruna Franchetto e Yonne Leite

Antropologia da criança [57], Clarice Cohn

Patrimônio histórico e cultural [66], Pedro Paulo Funari e Sandra de Cássia Araújo Pelegrini

Antropologia e imagem [68], Andréa Barbosa e Edgar T. da Cunha

Antropologia da política [79], Karina Kuschnir

Sociabilidade urbana [80], Heitor Frúgoli Jr.

Pesquisando em arquivos [82], Celso Castro

Cinema, televisão e história [86], Mônica Almeida Kornis

FILOSOFIA PASSO-A-PASSO

Estética [63], Kathrin H. Rosenfield

Filosofia da natureza [67], Márcia Gonçalves

Hume [69], Leonardo S. Porto

Hannah Arendt [73], Adriano Correia

Schelling [74], Leonardo Alves Vieira

Niilismo [77], Rossano Pecoraro

Kierkegaard [78], Jorge Miranda de Almeida e Alvaro L.M. Valls

Filosofia da biologia [81], Karla Chediak

Ontologia [83], Susana de Castro

John Stuart Mill & a liberdade [84], Mauro Cardoso Simões

Filosofia da história [88], Rossano Pecoraro

Teoria do conhecimento [91], Alberto Oliva

PSICANÁLISE PASSO-A-PASSO

Psicanálise com crianças [75], Teresinha Costa

Feminino/masculino [76], Maria Cristina Poli

Cinema, imagem e psicanálise [85], Tania Rivera

Trauma [87], Ana Maria Rudge

Édipo [89], Teresinha Costa

A psicose [90], Andréa M.C. Guerra

A angústia [92], Sonia Leite

Educação e psicanálise [93], Rinaldo Voltolini

Os outros em Lacan [94], Antonio Quinet

A paixão [95], Marcus André Vieira

Histeria: o caso Dora [96], Nadiá Paulo Ferreira e Marcus Alexandre Motta